MW01230510

El sencillo libro de cocina de cannabis

50 recetas súper saludables

Ivana Cabrera

Reservados todos los derechos.

Descargo de responsabilidad

La información contenida i está destinada a servir como una colección completa de estrategias sobre las que el autor de este libro electrónico ha investigado. Los resúmenes, estrategias, consejos y trucos son solo recomendaciones del autor, y la lectura de este libro electrónico no garantiza que los resultados de uno reflejen exactamente los resultados del autor. El autor del eBook ha realizado todos los esfuerzos razonables para proporcionar información actualizada y precisa a los lectores del eBook. El autor y sus asociados no serán responsables de ningún error u omisión no intencional que se pueda encontrar. El material del eBook puede incluir información de terceros. Los materiales de terceros forman parte de las opiniones expresadas por sus propietarios. Como tal, el autor del libro electrónico no asume responsabilidad alguna por ningún material u opiniones de terceros.

El libro electrónico tiene copyright © 2021 con todos los derechos reservados. Es ilegal redistribuir, copiar o crear trabajos derivados de este libro electrónico en su totalidad o en parte. Ninguna parte de este informe puede ser reproducida o retransmitida de forma reproducida o retransmitida en cualquier forma sin el permiso expreso y firmado por escrito del autor.

Sommario

50 recetas súper saludables 1

PUDIN Y PARFAITS 5

Pudín de zanahoria dulce indio 6

Pudín de coco tropical 9

Budín de caramelo a la antigua 12

Bote de crema de cannabis 15

Batido de mantequilla de maní y caramelo
CannaShake 19

Mango picante y ron CannaParfait 22

Pudín de semillas de chía saludable 26

Panna cotta de limón 28

Cannabis Coconut Creme Brûlée 31

Obtener un pudín alto 34

Arroz con Leche Canna con Pasas y Albaricoques 36

Parfait de plátano canna 39

SALSAS Y UNTANTES 42

Salsa de chocolate caliente 43

Salsa de caramelo salado 46

Crema de avellana con chocolate 49

BUTTERCUPS 52

Cannabis Chocolate Caramelo Cacahuete Tapones
De Mantequilla 53

Tazas de mantequilla de maní de Mary Jane..........56

CUSTARDS & CURDS..59

Flan de Calabaza con Praliné de Semillas de
Calabaza..60

Natillas cremosas de marihuana..................................66

Cuajada de cítricos de pomelo rosa 68

Rollo de crema de plátano 71

Crema de coco con coulis de mango...........................75

CORTEZAS, PRETZELS Y NOUGATINES...................78

Corteza de Buda de menta...79

Corteza de chocolate con nueces confitadas y
jengibre..84

Mango seco bañado en chocolate...............................87

Varillas de pretzel con chocolate blanco y trocitos
de toffee..90

Turrón bañado en chocolate...93

PUDIN Y PARFAITS

Pudín de zanahoria dulce indio

Tiempo de preparación: 25 minutos Tiempo de cocción: 30 minutos Porciones: 4

Ingredientes:

- 5 zanahorias grandes ralladas
- 1 taza de leche
- $\frac{1}{2}$ taza de leche condensada azucarada
- $\frac{1}{2}$ taza de azúcar turbinado
- $\frac{1}{2}$ taza de pasas
- $\frac{1}{4}$ de taza de anacardos crudos
- 4 cucharadas de Cannabutter
- 1 cucharadita de cardamomo en polvo

Direcciones

1. Coloque la Cannabutter, las pasas y los anacardos en una sartén. Saltee esta mezcla a fuego medio-alto durante 3 minutos mientras revuelve constantemente. Reduzca inmediatamente el fuego a medio y agregue las zanahorias ralladas. Agregue la leche, la leche condensada y cocine a fuego lento esta mezcla a fuego medio durante 10 minutos mientras revuelve ocasionalmente para romper los grumos.

2. Después de 10 minutos de hervir a fuego lento, agregue el azúcar y continúe cocinando esta mezcla en el mismo nivel hasta que el

líquido sea absorbido por las zanahorias. Este proceso de permitir que las zanahorias absorban el líquido tomará aproximadamente 15 minutos. Asegúrese de revolver la mezcla mientras se cocina para evitar que se caramelice demasiado. Después de que se absorba el líquido, retire del fuego y agregue el cardamomo en polvo.

3. Sirve este postre caliente de la sartén con helado de vainilla encima o sírvelo frío solo.

4. Luego, el plato lo sirve vertiendo la mezcla en un tazón pequeño o una cacerola grande y dejándola enfriar y estableciendo esa forma, luego volteándola en un plato.

5. El pudín de zanahoria dulce de Kalichakra indio se puede almacenar en el refrigerador hasta por 1 semana.

Pudín de coco tropical

Tiempo de preparación: 5 minutos Tiempo de cocción: 15 minutos Porciones: 2

Ingredientes:

- $\frac{3}{4}$ taza de avena sin gluten a la antigua
- $\frac{1}{2}$ taza de coco rallado sin azúcar
- 2 tazas de agua
- $1\frac{1}{4}$ tazas de leche de coco
- 2 cucharaditas de aceite de cannabis (aquí)
- $\frac{1}{2}$ cucharadita de canela molida
- 1 plátano en rodajas

Direcciones:

1. En un tazón, combine la avena, el coco y el agua. Cubra y enfríe durante la noche. Transfiera la mezcla a una cacerola pequeña. Agregue la leche, el aceite de cannabis y la canela, y cocine a fuego lento durante unos 12 minutos a fuego medio. Retirar del fuego y dejar reposar durante 5 minutos. Dividir en 2 tazones y cubrir con las rodajas de plátano.
2. Si prefiere una delicia aún más sabrosa, saltee las rodajas de plátano en un poco de mantequilla y azúcar morena antes de cubrir el pudín.

Nutrición: Calorías: 156 Grasas: 1,3 g Fibra: 8,9 g
Carbohidratos: 49 g Proteínas: 2 g

Budín de caramelo a la antigua

TIPO DE INFUSIÓN: Canna-butter
TIEMPO DE PREPARACIÓN: 1 hora, 15 minutos
TIEMPO DE COCCIÓN: 12 minutos
TAMAÑO DE LA PORCIÓN: ½ taza
RENDIMIENTO: 3 tazas

Ingredientes:
- 3 cucharadas. maicena
- 2¼ tazas de leche entera
- 2 CUCHARADAS. mantequilla sin sal
- 2 CUCHARADAS. mantequilla canna
- 1 taza de azúcar morena oscura, suelta
- Pizca de sal
- 2 huevos grandes
- 1 cucharadita extracto de vainilla

Direcciones
1. En un tazón mediano, mezcle la maicena y ¼ de taza de leche entera hasta que quede suave. Dejar de lado.
2. En una cacerola mediana a fuego medio, derrita la mantequilla sin sal y la mantequilla canna. Mezcle el azúcar morena oscura y la sal y retire del fuego.
3. Agregue las 2 tazas de leche entera restantes a la sartén y bata durante 15 segundos para combinar. Agrega la mezcla de

maicena y bate por 15 segundos más. Batir los huevos.

4. Regrese la sartén a la estufa. A fuego medio, lleve la mezcla a fuego lento, revolviendo casi constantemente, durante 8 a 10 minutos o hasta que comience a espesar. (El pudín seguirá espesándose a medida que se enfríe).

5. Retire del fuego y agregue el extracto de vainilla. Vierta en un tazón grande y refrigere durante al menos 1 hora.

6. Almacenamiento: manténgalo bien envuelto en una envoltura de plástico en el refrigerador hasta por 5 días.

Bote de crema de cannabis

¡Fabuloso! ¡Tan fácil y absolutamente delicioso! Si tiene invitados de fin de semana, es absolutamente necesario que sirva esto como postre.

TIPO DE INFUSIÓN: aceite de cannabis
TIEMPO DE PREPARACIÓN: 10 minutos
TIEMPO DE COCCIÓN: 10 minutos
TAMAÑO DE LA PORCIÓN: 8

INGREDIENTES

- 2 cucharadas. aceite de cannabis
- 1 1/2 taza de crema espesa
- 1/4 taza NOW Erythritol (en polvo)
- 1/4 cucharadita Stevia líquida
- 1/4 cucharadita Sal
- 4 yemas de huevo grandes
- 6 cucharadas Agua
- 1 cucharada. Miel de maple
- 1/2 cucharadita Extracto de vainilla
- 1 cucharadita Extracto de arce

DIRECCIONES

1   Precaliente su horno a 300F. Empiece por separar las yemas de 4 huevos y dejarlos a un lado.

2   Mezcle el eritritol en polvo con 6 cucharadas. agua en una cacerola pequeña.

3   Mezcle 1 1/2 tazas de crema espesa, 1/4 cucharadita. stevia líquida, 2 cucharadas. aceite de cannabis, 1/4 cucharadita. sal, 1/2 cucharadita. extracto de vainilla y 1 cucharadita. extracto de arce en una cacerola más grande.

4   Ilumina ambas mezclas hasta que hierva. Una vez que la crema hierva, revuelva vigorosamente y baje el fuego a bajo. De vez en cuando revuelva esto mientras trabaja con la otra mezcla.

5   Una vez que el agua y el eritritol hayan estado hirviendo durante un minuto, agregue 1 cucharada. miel de maple. Si no desea preparar toda la receta de jarabe de arce por 1 cucharada, puede sustituirla en 1 cucharadita. Extracto de arce + 1/4 cucharadita. Goma xantana si lo desea.

6   Batir bien las yemas de huevo con un batidor hasta que estén más claras.

7   Continúe hirviendo la mezcla de agua y eritritol hasta que se haya reducido un poco y se forme un jarabe acuoso.

8   Vierta la mezcla de agua y eritritol en la crema espesa y revuelva para combinar.

9   Vierta lentamente 1/4 de la mezcla de crema en las yemas de huevo mientras mezcla. Desea templar las yemas de huevo, así que asegúrese de agregar lentamente y no demasiado a la vez.

10 Mide la mezcla entre 4 o 6 moldes dependiendo del tamaño del molde.

11 Llene la bandeja para hornear 2/3 del camino con agua. Coloque sus moldes en el agua y hornee a 300F durante 40 minutos.

12 Sacar del horno y dejar enfriar durante 10-15 minutos. No puede refrigerarlos si desea que tengan una textura más ligera de crema pastelera o pudín. Puede comerlos calientes para obtener una textura suave y aterciopelada.

Información nutricional
Calorías 387
Grasas 23g
Carbohidratos 39g
Proteína 4g

Batido de mantequilla de maní y caramelo

CannaShake

TIPO DE INFUSIÓN: Tintura de cannabis
TIEMPO DE PREPARACIÓN: 5 minutos
TIEMPO DE COCCIÓN: 0 Minutos
TAMAÑO DE LA PORCIÓN: 1

INGREDIENTES

- Tintura de cannabis, a base de aceite o alcohol, cantidad deseada
- Cubos de hielo
- 1 taza de leche de coco (sin azúcar, de una caja)
- 2 cucharadas. Mantequilla de maní
- 2 cucharadas. Caramelo salado SF Torani
- 1/4 cucharadita Goma xantana
- 1 cucharada. Aceite MCT

DIRECCIONES

1   En una licuadora, agregue cubitos de hielo, leche de coco, tintura de cannabis, 2 cucharadas. Mantequilla de maní, 2 cucharadas. Caramelo salado SF Torani, 1/4 cucharadita. Goma xantana y 1 cucharada. Aceite MCT. Estoy usando una licuadora Ninja con accesorio Mini Ninja.

2   Mezcle todo durante 1-2 minutos o hasta que la consistencia esté donde la desee. Debe espesarse ligeramente con un toque agradable de hielo picado que lo atraviese.

3   ¡Viértela en un vaso y sírvela! Rompí esto en 2 porciones del tamaño de un refrigerio con una pequeña pizca de cacao en polvo encima para la presentación.

Información nutricional
366 Calorías
35g Grasas
6g de carbohidratos netos
7g de proteína

Mango picante y ron CannaParfait

Con su textura supersuave, este postre hará que quieras seguir comiéndolo para siempre. El ron especiado es un complemento lujoso y refrescante del sabor ácido del mango.

TIPO DE INFUSIÓN: Canna-butter
TIEMPO DE PREPARACIÓN: 30 minutos más enfriamiento
TIEMPO DE COCCIÓN: 30 minutos
RENDIMIENTO: 6

Ingredientes:
- 6 yemas de huevo grandes
- $\frac{3}{4}$ taza de azúcar granulada
- $\frac{1}{4}$ de taza más 2 cucharadas de maicena
- $\frac{1}{4}$ de cucharadita colmada de sal
- $3\frac{1}{2}$ tazas de leche de marihuana
- 1 cucharada de cannabutter sin sal
- 1 cucharada de extracto de vainilla
- 1 cucharada de ron especiado
- $\frac{1}{2}$ taza de crema espesa fría
- 2 cucharadas de azúcar glass
- 2 tazas de galletas de mantequilla rotas
- 3 mangos maduros grandes, en rodajas

Direcciones:

1. En una cacerola mediana, mezcle las yemas de huevo, el azúcar granulada, la maicena y la sal a fuego medio. Deje hervir a fuego lento y agregue la leche de marihuana mientras revuelve con frecuencia, de 5 a 8 minutos. Cuando comience a burbujear, baja el fuego a bajo y continúa cocinando, batiendo constantemente, hasta que la mezcla espese, lo que tomará hasta 2 minutos.
2. Retírelo del fuego y luego agregue la vainilla, la mantequilla de cannabis y el ron. Coloca la mezcla en otro bol y coloca un trozo de film transparente directamente sobre la superficie del pudín para evitar que se forme una película. Refrigere hasta que cuaje por unas horas.
3. Una vez que el pudín esté frío, coloca la crema en un bol. Con un soporte o batidora eléctrica a velocidad media-baja, batir hasta que esté bien cremoso. Incorpora el azúcar de repostería y bate hasta que la crema tenga picos sedosos y de firmeza media. No haga sobre mezcla
4. En cada uno de los 6 vasos de parfait, vierta una cucharada grande de la mezcla de pudín. Cubra con una capa de trozos de galleta y una capa de mango en rodajas. Haz el mismo procedimiento y cúbrelo con el pudín. Desmenuza algunos de los trozos de galleta y espolvorea por encima.

5. Refrigere hasta que esté listo para servir.

Información nutricional
Calorías: 215
Grasas: 3g
Fibra: 1,4 g
Carbohidratos: 40,9
Proteína: 0,9 g

Pudín de semillas de chía saludable

Tiempo de preparación: 35 minutos más el tiempo de enfriamiento Tiempo de cocción: 0 minutos Porciones: 2

Ingredientes:

- $1\frac{1}{2}$ tazas de leche de almendras
- 8 dátiles, sin hueso y picados
- $\frac{1}{3}$ taza de semillas de chía
- $\frac{1}{4}$ taza de cacao en polvo sin azúcar
- 4 cucharaditas de aceite de cannabis (aquí)
- $\frac{1}{2}$ cucharadita de canela molida

Direcciones

1. Usando un tazón, combine todos los ingredientes. Revuelva bien. El siguiente paso se realiza cubriéndolo con envoltura de saran y enfríe en el refrigerador durante la noche. Transfiera la mezcla a una licuadora y presione varias veces hasta que esté gruesa y uniforme. Vierta la mezcla en tazones de pudín individuales.
2. Cubra las porciones restantes con una envoltura de plástico y guárdelas en el refrigerador hasta por una semana.

Nutrición: Calorías: 160 Grasas: 2 g Fibra: 8,8 g Carbohidratos: 51 g Proteínas: 2,4 g

Panna cotta de limón

Tiempo de preparación: 20 minutos más un tiempo de enfriamiento de 4 horas Tiempo de cocción: 15 minutos Porciones: 6

Ingredientes:

- 1 sobre de gelatina sin sabor
- 2 tazas de leche de marihuana
- 2 cucharadas de crema espesa
- 1/2 taza de azucar
- 2 cucharaditas de extracto puro de vainilla
- 21/4 tazas de yogur natural (preferiblemente al estilo griego)
- 2 cucharaditas de jugo de limón recién exprimido

Para la cobertura de frutas:

- 1 taza de frambuesas, rojas y doradas
- 2 tazas de fresas o arándanos mixtos
- 2 duraznos, pelados y en rodajas finas
- 2 cucharaditas de azúcar canna
- 1 onza de vodka
- 1 onza de Campari
- 1 cucharada de ralladura de limón

Direcciones:

1. Espolvoree todo el paquete de gelatina sobre 2 cucharadas de crema espesa en un tazón pequeño. Deje que se ablande durante unos 5 minutos. Combine la Leche de Marihuana, el azúcar y la vainilla en una cacerola a fuego lento.

2. Lleve esta mezcla a fuego lento durante un par de minutos y luego retire la cacerola del fuego. Revuelve la mezcla de gelatina y crema en una cacerola hasta que se disuelva por completo. Coloque el yogur en un tazón mediano y bata hasta que quede suave.

3. Poco a poco, mezcle la mezcla de leche de marihuana y el jugo de limón en el yogur. Vierta la mezcla en seis moldes pequeños. Déjelo enfriar en el frigorífico durante unas 4 horas o hasta que cuaje.

4. Para la cobertura, mezcle la fruta, Vector Vodka, Cannabis Campari y el azúcar junto con la ralladura de limón. Refrigere por al menos 20 minutos. Para quitar la Panna Cotta de los moldes, pase un cuchillo afilado alrededor de los bordes y luego invierta el molde en un plato. Cubra con la mezcla de frutas y sirva.

Nutrición: Calorías: 255 Grasas: 6 g Fibra: 2,4 g Carbohidratos: 50,1 Proteínas: 0,4 g

Cannabis Coconut Creme Brûlée

Ingredientes:
- 2 tablas de aceite de nuez
- 1 taza de leche de coco sin reposar
- 1 taza de crema espesa
- 1 explicación de la imitación del extracto de la nuez
- 4 huevos más grandes
- 8 a 9 tablas de sugerencias

Direcciones:

1. Antes de la última a 325 grados F.
2. Combine la leche de coco, la crema y el extracto de nueces en una cacerola pequeña sobre calor medio-alto y llévelo a un vaso. Una vez en una copa, retírelo del fuego y añada aceite de coco.
3. Mientras tanto, mezcle los huevos y las 5 tablas en una sola sesión hasta que se integren.
4. Lentamente mientras la mezcla de la crema caliente entre los huevos, agitando constantemente.
5. Divida la mezcla entre seis, tazas de café para 5 tazas o para tazas de café para siempre, llenándolas alrededor de 3/4 del camino hacia arriba. Póngalos en una bandeja para hornear y agregue suficiente agua para hornear a la fuente para hornear de modo

que suba en la mitad de las partes de las tazas de café.

6. Hornee hasta que el centro esté casi listo. El tiempo de reposo dependerá de la altura de su taza de café o ramekin. El tiempo de horneado es de 10 minutos por cada 1/2 pulgada de altura. Para un recipiente de 1 pulgada, deje las brulees completas durante unos 20 minutos. Para un vaso de 2 pulgadas, hornee la crema brulèes unos 40 minutos.

7. Retirar del horno y dejar que se enfríe en el baño de agua, luego refrigerar de 15 a 20 minutos antes de servir.

8. Antes de salir, rocíe las tapas con una capa pesada de azúcar. Use una mano a la mano o pase debajo del asador durante 2 a 3 minutos.

Obtener un pudín alto

Tiempo de preparación: 15 minutos Tiempo de cocción: 2 horas Porciones: 2

Ingredientes:

- 2 tazas de higos secos remojados en 1/4 taza de agua hirviendo
- 1 taza de leche de cannabis
- 1 1/2 tazas de harina para todo uso tamizada
- 1 taza de azucar
- 2 1/2 cucharaditas de levadura en polvo
- 1 cucharadita pastel de calabaza especias
- 1 cucharadita de sal marina
- 3 huevos
- 1/2 taza de mantequilla de cannabis derretida
- 1 1/2 tazas de pan rallado
- 1 cucharada de piel de naranja rallada

Direcciones

1. Mezcle todos los ingredientes hasta que estén bien combinados. Vierta en una sartén engrasada. Colocar en un baño de agua. Cubrircon papel de aluminio antiadherente sin apretar.

2. Hornee hasta que el pudín esté listo y comience a soltarse de los lados de la sartén, aproximadamente 2 horas.

Nutrición: Calorías: 250 Grasas: 4,7 g Fibra: 1,4 g Carbohidratos: 49 g Proteínas: 0,9 g

Arroz con Leche Canna con Pasas y Albaricoques

Tiempo de preparación: 5 minutos Tiempo de cocción: 25 minutos Porciones: 6

Ingredientes:

- 3 tazas de leche entera
- 3 tazas de arroz blanco cocido
- 2 cucharadas de mantequilla canna (aquí)
- $\frac{1}{2}$ taza de pasas
- $\frac{1}{2}$ taza de albaricoques secos picados
- $\frac{1}{3}$ taza de azúcar morena
- $\frac{1}{4}$ cucharadita de canela molida
- 2 cucharaditas de extracto de vainilla

Direcciones:

1. En una cacerola mediana, combine la leche, el arroz, la mantequilla canna, las pasas, los albaricoques, el azúcar y la canela. Llevar a ebullición, luego reducir inmediatamente el fuego. Cocine a fuego lento a fuego lento durante 25 minutos o hasta que el arroz esté tierno. Agrega la vainilla. Sirva caliente.
2. Guarde las porciones restantes en un recipiente hermético en el refrigerador hasta por una semana. Vuelva a calentar en el microondas a fuego lento durante 2 minutos o hasta que esté tibio, o disfrútelo frío.

Nutrición: Calorías: 251 Grasas: 6,1 g Fibra: 2,8 g Carbohidratos: 53,2 Proteínas: 0,9 g

Parfait de plátano canna

Tiempo de preparación: 30 minutos más
enfriamiento Tiempo de cocción: 30 minutos
Porciones: 6

Ingredientes:

- 6 yemas de huevo grandes
- $\frac{3}{4}$ taza de azúcar granulada
- $\frac{1}{4}$ de taza más 2 cucharadas de maicena
- $\frac{1}{4}$ de cucharadita colmada de sal
- $3\frac{1}{2}$ tazas de leche entera
- 1 cucharada de cannabutter sin sal
- 1 cucharada de extracto de vainilla
- 1 cucharada de ron especiado
- $\frac{1}{2}$ taza de crema espesa fría
- 2 cucharadas de azúcar glass
- 2 tazas de galletas de mantequilla rotas
- 3 plátanos maduros grandes, en rodajas

Direcciones:

6. En una cacerola mediana, mezcle las yemas
   de huevo, el azúcar granulada, la maicena y la
   sal a fuego medio. Deje hervir a fuego lento
   y ponga la leche mientras revuelve con
   frecuencia, de 5 a 8 minutos. Empieza a
   burbujear, baja el fuego a bajo y continúa
   cocinando, batiendo constantemente, hasta

que la mezcla se espese, lo que tomará hasta 2 minutos.

7. Retírelo del fuego y luego agregue la vainilla, la mantequilla de cannabis y el ron. Coloca la mezcla en otro bol y coloca un trozo de film transparente directamente sobre la superficie del pudín para evitar que se forme una película. Refrigere hasta que cuaje por unas horas.

8. Una vez que el pudín esté frío, coloca la crema en un bol. Con un soporte o batidora eléctrica a velocidad media-baja, batir hasta que esté bien cremoso. Incorpora el azúcar de repostería y bate hasta que la crema tenga picos sedosos y de firmeza media. No haga sobre mezcla

9. En cada uno de los 6 vasos de parfait, vierta una cucharada grande de la mezcla de pudín. Cubra con una capa de trozos de galleta y una capa de plátanos en rodajas. Haz el mismo procedimiento y cúbrelo con el pudín. Desmenuza algunos de los trozos de galleta y espolvorea por encima.

10. Refrigere hasta que esté listo para servir.

Nutrición: Calorías: 215 Grasas: 3 g Fibra: 1,4 g Carbohidratos: 40,9 Proteínas: 0,9 g

SALSAS Y UNTANTES

Salsa de chocolate caliente

TIPO DE INFUSIÓN: Canna-butter
TIEMPO DE PREPARACIÓN: 5 minutos
TIEMPO DE COCCIÓN: 10 minutos
TAMAÑO DE LA PORCIÓN: 2 cucharadas
RENDIMIENTO: Aproximadamente 2 tazas

Ingredientes:
- 5 cucharadas. mantequilla canna
- 3 cucharadas. mantequilla sin sal
- $\frac{3}{4}$ taza de cacao en polvo sin azúcar
- 1 taza de crema espesa
- $\frac{3}{4}$ taza de azúcar morena clara, bien compacta
- $\frac{1}{2}$ taza de azúcar granulada
- 1 cucharadita extracto de vainilla
- Pizca de sal

Direcciones
1. En una cacerola mediana a fuego medio, combine la mantequilla de cannabis, la mantequilla sin sal, el cacao en polvo sin azúcar, la crema espesa, el azúcar morena clara y el azúcar granulada. Revuelva ocasionalmente durante unos 5 minutos hasta que la mantequilla se derrita y los ingredientes se mezclen bien.
2. Deje que la salsa hierva a fuego lento durante 3 a 5 minutos, revolviendo con frecuencia. Retire la salsa del fuego.

3. Agregue el extracto de vainilla y la sal. Sirva inmediatamente o deje enfriar antes de guardar.
4. Almacenamiento: Conservar en un frasco tapado en el refrigerador hasta
5. 2 semanas.

Salsa de caramelo salado

TIPO DE INFUSIÓN: Canna-butter
TIEMPO DE PREPARACIÓN: 5 minutos
TIEMPO DE COCCIÓN: 15 minutos
TAMAÑO DE LA PORCIÓN: 2 cucharadas
RENDIMIENTO: $2\frac{1}{2}$ tazas

Ingredientes:
- 7 cucharadas. mantequilla canna
- 9 cucharadas. mantequilla sin sal
- 1 taza de crema espesa
- 1 taza de azúcar morena oscura, bien compacta
- $\frac{1}{2}$ cucharadita sal

Direcciones
1. En una cacerola mediana a fuego medio-bajo, combine la mantequilla de cannabis, la mantequilla sin sal, la crema espesa, el azúcar morena oscura y la sal. Deje hervir a fuego lento, revolviendo con frecuencia.
2. Continúe cocinando a fuego lento durante 10 minutos hasta que la salsa comience a reducir su tamaño y espese. Retírelo del calor. Deje que la salsa se enfríe un poco antes de servir.
3. Almacenamiento: Manténgalo en un recipiente cubierto u otro recipiente hermético en el refrigerador hasta por 2

semanas. Si lo desea, vuelva a calentar a
fuego lento en la estufa antes de servir.

Crema de avellana con chocolate

TIPO DE INFUSIÓN: Canna-butter
TIEMPO DE PREPARACIÓN: 5 minutos
TIEMPO DE COCCIÓN: 25 minutos
TAMAÑO DE LA PORCIÓN: 2 cucharadas
RENDIMIENTO: 2 tazas

Ingredientes:
- 1 taza (aproximadamente 5 oz; 140 g) de avellanas sin piel
- 2 CUCHARADAS. azúcar granulada
- 8 oz. (225g) chispas de chocolate semidulce
- 5 cucharadas. más 1 cdta. mantequilla canna
- ½ taza de crema espesa
- ½ cucharadita sal

Direcciones
1. Precalienta el horno a 350 ° (180 ° C). Extienda las avellanas en una bandeja para hornear con borde y tueste durante 10 a 15 minutos o hasta que las nueces comiencen a dorarse y se vuelvan aromáticas.
2. En un procesador de alimentos, tritura las avellanas doradas y el azúcar durante 1 minuto hasta que quede suave y cremoso.
3. En una caldera doble a fuego medio, caliente las chispas de chocolate semidulce durante 5 a 10 minutos hasta que se derrita por completo. Retire del fuego y agregue la

mantequilla de cannabis hasta que se disuelva.

4. Batir la crema espesa y la sal para incorporar por completo. Agregue el puré de avellanas.
5. Vierta en un frasco (16 oz; 470 ml) o dos frascos (8 oz; 235 ml) con tapa.
6. Almacenamiento: Consérvese en el refrigerador hasta por 4 semanas oa temperatura ambiente por hasta 4 días.

BUTTERCUPS

Cannabis Chocolate Caramelo Cacahuete Tapones De Mantequilla

Ingredientes:
- 4 cucharadas de mantequilla de canela
- 2 1/2 cucharadas de chocolate
- 1/2 taza de salsa de caramelo salado
- 1 taza de tope de nuez
- 1/2 taza de azúcar en polvo
- 1/4 taza de copas
- Pizca de salt

Direcciones:

1. Tome un tazón mediano y mezcle todos los ingredientes con su mantequilla de canela.
2. Mezcle con un espatulado de modo que su butter de cannábis se mezcle uniformemente en la opción.
3. Ponga su mezcla de cannabios de escogencias en una bolsa de empalme y deje que se enfríe un poco.
4. Alinee un ensayo con 12 tapas de papel.
5. Use la mitad de su mezcla de cannabios de escobillas para llenar las capas de manera uniforme. Una capa delgada justo para que la parte inferior esté cubierta será suficiente.
6. Espere 5 minutos hasta que la elección se deslice.

7. Agregue una buena tabla de caramelo como resultado de una buena opción.
8. Vuelve a divertirte durante 5 minutos
9. En una porción mediana, mezcle 1 taza de mantequilla de nueces con las hojuelas de maíz, el sorgo y la mantequilla dulces con una mano mezcladora.
10. Agregue una cucharada de mantequilla de maní a sus tapas de chocolate.
11. Ahora use la otra mitad de sus posibilidades de elegir para cubrir la mantequilla de maní.
12. Congele durante unos 15 a 20 minutos.

Tazas de mantequilla de maní de Mary Jane

Tiempo de preparación: 1 hr. o toda la noche
Tiempo de cocción: 0 minutos
Porciones: 24 tazas

Ingredientes:
- 1 taza de almendras tostadas sin sal
- 1 taza de dátiles deshuesados
- 2 cucharadas de cacao en polvo
- 1 cucharada de cannabutter
- $\frac{1}{2}$ taza de mantequilla de maní o anacardo
- 1 cucharada de harina de almendras
- 1 taza de chispas de chocolate semidulce, derretidas
- 2 cucharadas de aceite de cannabis
- $\frac{1}{2}$ cucharadita de extracto de almendras
- 1 cucharadita de extracto de vainilla
- Azúcar espumoso, para terminar

Direcciones:

1. Prepara tu bandeja para muffins colocándole revestimientos. Mediante el uso de una licuadora o procesador de alimentos, mezcle los dátiles, las almendras, el cacao en polvo y la mantequilla de CBD y presione hasta que se mantengan unidos. Presione aproximadamente 1 cucharada de la mezcla de almendras en el fondo de cada molde para

cupcakes. En un tazón pequeño, combine la mantequilla de maní y la harina de almendras.

2. Unte aproximadamente 1 cucharadita de la mezcla de mantequilla de maní encima de cada taza. Coloca la bandeja en el enfriador hasta que la mezcla de maní esté firme. Mientras tanto, en un tazón pequeño, mezcle las chispas de chocolate, el aceite y los extractos.

3. Retire la lata del congelador y vierta con cuidado alrededor de $1\frac{1}{2}$ cucharaditas de chocolate sobre cada taza y alise los bordes. Espolvorea con el azúcar con gas, congela hasta que esté firme y disfruta.

Nutrición: Calorías: 135 Grasas: 2,5 g Fibra: 1,4 g Carbohidratos: 31,5 g Proteínas: 0,3 g

CUSTARDS & CURDS

Flan de Calabaza con Praliné de Semillas de Calabaza

Tiempo de preparación: 6 hrs. (Para enfriar)
Tiempo de cocción: 1-2 horas Porciones: 4-6

Ingredientes:

- $1\frac{3}{4}$ tazas de azúcar granulada
- 1 taza de leche entera
- 2 (5 onzas) latas de leche evaporada
- 2 cucharadas más
- 2 cucharaditas de azúcar canna
- 5 huevos grandes
- $\frac{1}{4}$ de cucharadita de sal
- $1\frac{3}{4}$ tazas de puré puro de calabaza
- 2 cucharadas de tequila
- 1 cucharada de ralladura de naranja
- 2 cucharaditas de canela molida
- 1 cucharadita de jengibre molido
- $\frac{1}{4}$ de cucharadita de cardamomo molido
- $\frac{1}{4}$ de cucharadita de nuez moscada recién rallada
- 1 cucharada de extracto puro de vainilla
- Praliné de Semillas de Calabaza
- Aceite vegetal, para engrasar la lámina.
- 1 taza de azúcar granulada
- Pizca de sal
- $\frac{1}{2}$ taza de agua

- 1 taza de semillas de calabaza sin cáscara (verdes), tostadas

Direcciones:

1. Precalienta el horno a 375 ° F. Coloque una fuente de 2 cuartos de galón para soufflé o una cazuela redonda de cerámica en el medio del horno para precalentar. Con una olla, hierva el agua.

2. En una cacerola seca y pesada de 2 cuartos, caliente 1 taza de azúcar granulada a fuego medio-bajo, revolviendo lentamente con un tenedor hasta que el azúcar se derrita y se dore. Cocine, sin revolver, revolviendo la sartén, hasta que el azúcar esté de color ámbar profundo, aproximadamente 5 minutos. Este es tu caramelo. Retire la fuente de soufflé caliente del horno e inmediatamente vierta el caramelo en la fuente, inclinándolo para cubrir el fondo y los lados por completo. Déjalo a un lado para que se endurezca mientras preparas el resto del flan. (Deje el horno encendido). En una cacerola mediana, combine la leche entera y la leche evaporada. Llevar a fuego lento a fuego medio y luego retirar del fuego. Vierta la mezcla de leche a través de un colador de malla fina en un tazón; dejar de lado. En un tazón grande con una batidora eléctrica,

bata la taza restante de azúcar granulada, el azúcar canna, y los huevos a velocidad media hasta que estén suaves y cremosos. Agregue la sal, la calabaza, el tequila, la ralladura de naranja, la canela, el jengibre, el cardamomo, la nuez moscada y la vainilla.

3. Mientras revuelve, agregue la mezcla de leche colada en un chorro lento y revuelva hasta que se mezcle bien. Vierta la crema pastelera sobre el caramelo en el plato y coloque el plato en una fuente para hornear.

4. Ponga el agua hirviendo en la sartén hasta que ascienda aproximadamente 1 pulgada por los lados del soufflé. Coloque la sartén en el medio del horno y reduzca la temperatura del horno a 350 ° F. Hornee hasta que el color esté dorado en la parte superior y un cuchillo insertado en el centro del flan salga limpio, $1\frac{1}{4}$ a $1\frac{1}{2}$ horas.

5. Saque la fuente para hornear del baño de agua y transfiérala a una rejilla para que se enfríe. Refrigere por lo menos 6 horas. Prepara el praliné: Precalienta el horno a 250 ° F.

6. Use un papel de aluminio t forre una bandeja para hornear y engrase ligeramente el papel de aluminio. Coloque la bandeja para hornear en el horno para que se mantenga caliente. En una cacerola profunda y pesada de 2 cuartos, combine el azúcar, la sal y $\frac{1}{2}$ taza de

agua y cocine a fuego medio-bajo,
revolviendo lentamente con un tenedor,
hasta que se derrita y se dore pálido.

7. Cocine el caramelo sin revolver, inclinando la
   sartén de lado a lado, hasta que esté dorado.

8. Agregue inmediatamente las semillas de
   calabaza y vierta rápidamente la mezcla en la
   bandeja para hornear preparada,
   extendiéndola en una hoja delgada antes de
   que se endurezca. (cuando el caramelo se
   vuelva demasiado sólido y sea difícil de
   untar, suba la temperatura del horno a 400 °
   F y coloque la bandeja para hornear en el
   horno hasta que el caramelo esté lo
   suficientemente caliente para esparcirse, de
   1 a 2 minutos).

9. Deje que el praliné se enfríe en la bandeja
   para hornear sobre una rejilla de alambre
   hasta que esté completamente endurecido y
   luego rómpalo en trozos grandes.

10. Para desmoldar el flan, pase un cuchillo fino
    por los bordes para aflojarlo. Mueva el plato
    de lado a lado; cuando el flan se mueva
    libremente en el plato, invierta una fuente
    grande con un borde sobre el plato.
    Sosteniendo el plato y el plato firmemente
    juntos, rápidamente inviértelos juntos,
    volteando el flan sobre el plato.

11. El caramelo se acumulará sobre él y
    alrededor; esto es exactamente lo que

quieres que suceda, así que no te preocupes, es normal.

12. Corta el flan en gajos y sírvelo con el caramelo encima, cubierto con trozos de praliné.

Nutrición: Calorías: 289 Grasas: 9 g Fibra: 2,5 g Carbohidratos: 61 g Proteínas: 1,8 g

Natillas cremosas de marihuana

Tiempo de preparación: 15 minutos Tiempo de cocción: 15-20 minutos Porciones: 2

Ingredientes:

- 1 cucharada de extracto de vainilla
- 3 huevos
- 0.3 a 0.5 flores de marihuana
- 600 gramos de leche
- 90-130 gramos de azúcar

Direcciones:

1. En un tazón mediano, combine los huevos y la leche Agregue el extracto de vainilla, los cogollos secos y el azúcar Batir todo a velocidad media Una vez que se haya formado el líquido, continúe mezclando la masa por dos minutos más
2. Transfiera el contenido a un recipiente y luego déjelo reposar en el refrigerador. Espolvoree con canela o cubra con frutas.

Nutrición: Calorías: 208 Grasas: 1.4 Fibra: 1.9g Carbohidratos: 35g Proteínas: 0.2g

Cuajada de cítricos de pomelo rosa

TIPO DE INFUSIÓN: Canna-butter
TIEMPO DE PREPARACIÓN: 25 minutos
TIEMPO DE COCCIÓN: 15 minutos
TAMAÑO DE LA PORCIÓN: 2 cucharadas
RENDIMIENTO: $1\frac{1}{2}$ tazas

Ingredientes:
- 1 taza de jugo de toronja rosada fresca (aproximadamente 2 toronjas grandes)
- 3 cucharadas. ralladura de pomelo rosado (aproximadamente 2 pomelos grandes)
- 3 huevos grandes
- 3 yemas de huevo grandes
- $\frac{1}{4}$ taza de azúcar granulada
- 2 CUCHARADAS. cariño
- $\frac{1}{8}$ cucharadita sal
- 4 cucharadas. mantequilla de cannabis, ablandada

Direcciones
1. En una cacerola pequeña a fuego medio-alto, hierva el jugo de toronja rosada. Reduzca el fuego a medio-bajo y cocine a fuego lento durante 5 minutos o hasta que el jugo se reduzca a la mitad. Retirar del fuego y dejar enfriar.
2. En una caldera doble a fuego medio, mezcle el jugo de pomelo rosado reducido, la

ralladura de pomelo rosado, los huevos, las yemas de huevo, el azúcar, la miel y la sal. Cocine, batiendo constantemente, de 5 a 7 minutos hasta que espese. Retire del fuego y agregue la mantequilla de cannabis 1 cucharada a la vez hasta que se combinen.

3. Vierta en un frasco (16 oz; 470 ml) o dos frascos (8 oz; 235 ml) con tapa y deje enfriar durante 15 minutos.

4. Almacenamiento: Conservar en un frasco o frascos herméticos en el refrigerador hasta por 1 semana.

Rollo de crema de plátano

TIPO DE INFUSIÓN: Canna-butter
TIEMPO DE PREPARACIÓN: 30 minutos
TIEMPO DE COCCIÓN: 30 minutos
TAMAÑO DE LA PORCIÓN: 1 rebanada
RENDIMIENTO: 9 rodajas

Ingredientes:
- $\frac{1}{2}$ taza de azúcar glass
- $\frac{3}{4}$ taza de harina para todo uso
- $\frac{1}{2}$ cucharadita Levadura en polvo
- $\frac{1}{2}$ cucharadita bicarbonato de sodio
- $\frac{1}{4}$ de cucharadita sal
- 4 huevos grandes
- $1\frac{1}{4}$ tazas de azúcar granulada
- 4 plátanos medianos
- 2 tazas de leche entera
- 1 CUCHARADA. maicena
- 3 cucharadas. mantequilla canna
- $\frac{1}{2}$ cucharadita extracto de vainilla
- $1\frac{1}{4}$ tazas de crema espesa

Direcciones
1. Caliente el horno a 375 ° F (190 ° C). Forre una bandeja para hornear con borde de 15 × 10 pulgadas (38 × 25 cm) con papel pergamino y reserve. Coloque un paño de cocina limpio sobre la superficie de trabajo y tamice $\frac{1}{4}$ de taza de azúcar en polvo sobre él de manera uniforme. Dejar de lado.

2. En un tazón pequeño, mezcle la harina para todo uso, el polvo de hornear, el bicarbonato de sodio y la sal. En un tazón más grande, bata 3 huevos y 1 taza de azúcar granulada hasta que estén completamente combinados. Triture 2 plátanos y revuelva con la mezcla de huevo. Agregue la mezcla de harina a la mezcla de huevo y revuelva para combinar. Transfiera a la sartén preparada y hornee por 13 a 15 minutos o hasta que el pastel vuelva a brotar al tacto.

3. Retirar del horno y voltear con cuidado el pastel sobre el paño de cocina preparado. Retire el papel pergamino del pastel y enrolle la toalla, comenzando por uno de los lados más cortos. Deje que la torta se enfríe completamente en el rollo de toalla.

4. Mientras el pastel se enfría, en una caldera doble a fuego medio, combine el huevo restante, la leche entera, $\frac{1}{4}$ de taza de azúcar granulada restante y la maicena. Batir ocasionalmente durante 10 a 15 minutos o hasta que la mezcla se espese y cubra el dorso de una cuchara. Retire del fuego y agregue la mantequilla de cannabis y el extracto de vainilla. Deje enfriar durante al menos 15 minutos.

5. En una batidora eléctrica con un accesorio para batir, bata la crema espesa a velocidad media durante 7 a 8 minutos o hasta que la

crema adquiera picos firmes. Incorpore la crema batida a las natillas enfriadas y revuelva hasta que se combinen. Desenrolla el bizcocho y retira la toalla. Corta los 2 plátanos restantes y cubre el pastel con rodajas de plátano. Unte la mezcla de natillas encima de los plátanos.

6. Enrolle el rollo en la dirección en que fue enrollado con la toalla. Cubra y coloque en el refrigerador hasta que esté listo para servir. Tamice el $\frac{1}{4}$ de taza de azúcar en polvo restante sobre el pastel antes de servir.

7. Almacenamiento: Manténgalo bien envuelto en plástico o en un recipiente hermético en el refrigerador hasta por 5 días.

Crema de coco con coulis de mango

TIPO DE INFUSIÓN: Canna-butter
TIEMPO DE PREPARACIÓN: 1 hora, 25 minutos
TIEMPO DE COCCIÓN: 1 hora
TAMAÑO DE LA PORCIÓN: 1 bote de crème
RENDIMIENTO: 4 botes de crème

Ingredientes:
- 4 yemas de huevo grandes
- $\frac{1}{2}$ taza de azúcar granulada
- 1 cucharadita extracto de vainilla
- 1 lata (14 onzas líquidas; 400 ml) de leche de coco
- $\frac{1}{2}$ taza de crema espesa
- 4 cucharaditas mantequilla canna
- 1 taza de hojuelas de coco
- 1 mango maduro, pelado y picado
- 2 cucharaditas cáscara de limón
- 2 cucharaditas miel (opcional)

Direcciones
1. Caliente el horno a 325 ° F (170 ° C). En un tazón mediano resistente al calor, bata las yemas de huevo, el azúcar y el extracto de vainilla durante 20 segundos o hasta que estén bien combinados. En una cacerola mediana a fuego medio, hierva la leche de coco, la crema espesa y la mantequilla de cannabis a fuego lento. Retírelo del calor.

2. Batir ½ taza de la mezcla de leche de coco caliente en la mezcla de huevo. Vierta lentamente la mezcla de huevo y leche de coco en la mezcla de leche de coco caliente restante y bata hasta que esté bien combinada. Agregue las hojuelas de coco y revuelva. Divida la mezcla de pot de crème entre cuatro de 4 onzas aptas para horno. (120ml) moldes.

3. Coloque los moldes en una cacerola parcialmente llena de agua tibia; el agua debe llegar hasta la mitad de los moldes. Hornee por 55 minutos o hasta que las natillas estén firmes en el centro. Deje enfriar sobre rejillas de alambre durante 20 minutos. Coloque en el refrigerador durante al menos 1 hora. En una licuadora, triture el mango, la ralladura de lima y la miel (si se usa) hasta que quede suave. Vierta encima de las ollas de crème antes de servir.

Almacenamiento: Manténgase bien envuelto en plástico en el refrigerador hasta por 3 días.

CORTEZAS, PRETZELS Y NOUGATINES

Corteza de Buda de menta

Ingrésimos:
- 12 onzas de chocolate blanco
- 6 días de elección semidulce
- 4 tablas de aceite de nuez con infusión de cannabis
- ½ cucharadita de extracto de menta
- 3 latas de caramelo (aplastadas)

Direcciones

1. Forre una bandeja para hornear de 9 × 9 pulgadas con algún papel de pergamino o papel de aluminio, asegurándose de escurrir la película sobre los lados de la barra, y algo de las arrugas que tenga. Esta parada asegurará una limpieza rápida y también permitirá que la corteza de menta se separe fácilmente de la zona cuando llegue el momento de romperla en lugares individuales.

2. Mezcle los colores semidulce de la selección y la selección de la blancura. Para hacer esto, cree un calentador doble usando un tazón de fuente de seguridad y un tazón de fuente lleno de agua. Elija un boleto que se ajuste cómodamente sobre la parte superior de la cacerola (no use un boletín que se asiente precariamente en la parte superior de la cacerola). También desea asegurarse de que

la parte inferior de la lista no toque el agua o corre el riesgo de quemar la bebida.

3. Por otra parte, este remedio utiliza 3 capas de chocolate para el burrito (blanco, semiblanco, blanco). Siéntete libre de cambiar elqDesventajas de la elección y revertir el atractivo (semidulce, blanco, semidulce) si así lo deseas.

4. Traiga el agua en el mismo lugar a una apariencia más simple, y coloque la caja de seguridad que contenga sus hojas de chocolate blanco sobre el mismo lugar.

5. Derretir las patatas fritas blancas hasta que estén medio

6. Agregue 4 cucharadas de aceite de nuez con infusión de canela y la $\frac{1}{2}$ cucharadita de extracto de menta.

7. Revuelva hasta que ambos aceites se hayan disuelto completamente en el chocolate blanco. Aparte de medicar la comida, el aceite de nuez también creará un brillo agradable en la corteza y le permitirá tener un buen chasquido.‖ cuando brarey hastae pIdespués.

8. Una vez que el blanco fundido es un poco de nuevo, la mitad en la parte preparada. Incline la paleta después de colocarla en la mitad de la capa blanca fundida para asegurar una capa / primera capa.

9. Coloque la parte en el refrigerador y luego la primera capa de elección para compartirla, aproximadamente 30 minutos más o menos.
10. Mientras se está fraguando su primer postrero, repita los pasos anteriores para preparar una segunda caldera doble para sus dulces de chocolate semidulce.
11. Una vez que sus chispas de chocolate semidulce estén completamente fundidas, retire el pezón del baño maría.
12. Tome la sartén que contenga la primera última opción de chocolate blanco del refrigerador y coloque la primera parte de las chispas de chocolate mezcladas entre las primeras. Es extremadamente importante que la capa inicial de la elección del blanco esté bien combinada, ya que la introducción de la segunda capa hará que se mezclen si no es así.
13. Extienda la segunda parte de los chips de selección semi-esponjosa siempre a lo largo de la parte utilizando un cuchillo para hornear o espatula.
14. Vuelva a colocar la parte en el refrigerador a la espera de que el segundo postre de chocolate para ver, de nuevo aproximadamente 30 minutos o así.
15. Cuando se haya establecido la segunda capa de la elección, agregue la tercera y última capa de blanco en la parte superior de la

segunda capa. Extienda esta tercera capa de manera uniforme con una espátula.

16. Coloque las latas de dulces en una bolsa Ziploc y prepárelas para aplastarlas en pequeñas piezas usando la parte posterior de un cucharón o un alfiler.

17. Rocíe los bastones de caramelo aplastados encima de la tercera y última capa de blanco que cubre toda la superficie, y luego coloque la parte trasera en la parte posterior del refrigerio hasta que el tiburón termine durante 30 minutos.

18. Cuando esté listo para comer, retire el banco del refugio y retírelo por los lados de la hoja de aluminio: ¡el perro debe levantarse justo fuera de la plataforma!

19. ¡Lleve el paquete a lugares individuales y empaquételos para darlos como regalo o envíelos a sus invitados inmediatamente!

Corteza de chocolate con nueces confitadas y jengibre

TIPO DE INFUSIÓN: Canna-butter
TIEMPO DE PREPARACIÓN: 1 a 2 horas, 5 minutos
TIEMPO DE COCCIÓN: 15 minutos
TAMAÑO DE LA PORCIÓN: 1 pieza
RENDIMIENTO: 6 piezas

Ingredientes:
- 2 CUCHARADAS. mantequilla canna
- 1 taza de nueces en mitades
- 2 CUCHARADAS. azúcar morena clara u oscura, bien compacta
- 2 tazas de chispas de chocolate amargo
- 2 CUCHARADAS. jengibre cristalizado

Direcciones
1. En una cacerola pequeña a fuego lento, caliente la mantequilla de cannabis durante 2 a 3 minutos o hasta que se derrita por completo. Agregue las mitades de nueces y revuelva durante 3 a 5 minutos hasta que estén fragantes y a nuez. Mezcle el azúcar morena clara, revolviendo constantemente, durante aproximadamente 1 minuto o hasta que las nueces estén cubiertas de manera uniforme y hayan comenzado a caramelizarse. Retírelo del calor.

2. Extienda las nueces caramelizadas sobre papel pergamino y déjelas enfriar. Picar las nueces en trozos grandes y reservar.
3. En una caldera doble a fuego medio, revuelva las chispas de chocolate negro durante 5 a 7 minutos o hasta que se derrita por completo.
4. En una bandeja para hornear forrada con papel pergamino, esparza el chocolate derretido.
5. Espolvoree las nueces caramelizadas y el jengibre cristalizado de manera uniforme por encima. Dejar reposar de 1 a 2 horas o hasta que el chocolate se haya endurecido. Corta o rompe la corteza en 6 pedazos iguales.
6. Almacenamiento: manténgalo cubierto en un recipiente hermético en el refrigerador hasta por 6 semanas o en el congelador por hasta 6 meses.

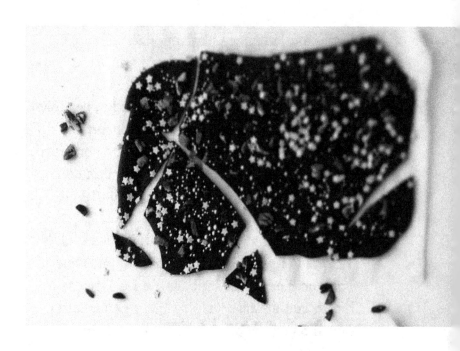

Mango seco bañado en chocolate

TIPO DE INFUSIÓN: Canna – aceite de coco
TIEMPO DE PREPARACIÓN: 50 minutos
TIEMPO DE COCCIÓN: 7 minutos
TAMAÑO DE LA PORCIÓN: 2 piezas de mango
RENDIMIENTO: 12 piezas de mango

Ingredientes:
- 1 taza de chispas de chocolate amargo
- 2 CUCHARADAS. canna-aceite de coco
- 12 piezas grandes de mango seco sin azúcar
- 6 cucharadas. coco rallado (opcional)

Direcciones
1. Cubra una bandeja para hornear con papel pergamino y reserve. En una caldera doble a fuego medio, combine las chispas de chocolate amargo y el aceite de coco y canna.
2. Revuelva durante 5 a 7 minutos o hasta que el chocolate se derrita por completo y se combine bien con el aceite de coco y canna. Retírelo del calor.
3. Con un tenedor o con las manos, sumerja cada pieza de mango en chocolate derretido y deje que el exceso gotee nuevamente en el tazón. Coloque los trozos de mango sumergidos en la bandeja para hornear preparada.

4. Espolvoree coco rallado (si lo usa) sobre los trozos de mango sumergidos. Refrigere por 30 minutos o hasta que el chocolate esté listo.
5. Almacenamiento: manténgalo cubierto en un recipiente hermético en el refrigerador hasta por 6 semanas o en el congelador por hasta 6 meses.

Varillas de pretzel con chocolate blanco y trocitos de toffee

TIPO DE INFUSIÓN: Canna-butter
TIEMPO DE PREPARACIÓN: 40 minutos
TIEMPO DE COCCIÓN: 7 minutos
TAMAÑO DE LA PORCIÓN: 1 varilla de pretzel
RENDIMIENTO: 6 varillas de pretzel

Ingredientes:
- $\frac{1}{4}$ de taza de trocitos de caramelo
- 1 taza de chocolate blanco se derrite
- 2 CUCHARADAS. mantequilla canna
- 6 varillas de pretzel

Direcciones

1. Cubra una bandeja para hornear con papel pergamino y reserve. Vierta los trocitos de caramelo en un plato poco profundo cerca de la bandeja para hornear.
2. En una caldera doble a fuego medio, combine el chocolate blanco derretido y la mantequilla canna, revolviendo ocasionalmente, durante 5 a 7 minutos hasta que el chocolate blanco esté completamente derretido.
3. Sumerja $\frac{3}{4}$ de cada barra de pretzel en chocolate blanco derretido, permitiendo que

el exceso de chocolate gotee nuevamente en la olla.

4. Enrolle cada barra de pretzel en trocitos de caramelo y colóquelos en la bandeja para hornear preparada. Deje reposar durante al menos 30 minutos.

5. Almacenamiento: Consérvese en un recipiente hermético en el refrigerador hasta por 1 mes.

Turrón bañado en chocolate

TIPO DE INFUSIÓN: Canna-butter
TIEMPO DE PREPARACIÓN: 1 hora, 10 minutos
TIEMPO DE COCCIÓN: 17 minutos
TAMAÑO DE LA PORCIÓN: 2 piezas
RENDIMIENTO: 12 piezas

Ingredientes:
- ¾ taza de azúcar granulada
- ⅓ taza de jarabe de maíz ligero
- ¼ taza de pistachos picados
- ¾ taza de almendras en rodajas
- 2 CUCHARADAS. mantequilla canna
- 1 taza de chispas de chocolate amargo

Direcciones

1. Cubra una bandeja para hornear con papel pergamino y reserve. En una cacerola mediana a fuego medio, revuelva el azúcar y el jarabe de maíz ligero durante 5 a 7 minutos hasta que la mezcla se derrita y comience a caramelizar.
2. Mezcle los pistachos, las almendras y la mantequilla de cannabis, y revuelva durante 2 a 3 minutos para tostar ligeramente las almendras. (No hierva).
3. Transfiera la mezcla de nougatina a la bandeja para hornear preparada y cubra con

una hoja adicional de papel pergamino. Extienda uniformemente con un rodillo hasta que tenga un grosor de aproximadamente $\frac{1}{2}$ pulgada (1,25 cm). Cortar en 12 trozos.

4. En una caldera doble a fuego medio, caliente las chispas de chocolate negro durante 5 a 7 minutos o hasta que se derrita.

5. Sumerja los trozos de nougatine en chocolate derretido, cubriendo solo la mitad de la nougatine, y vuelva a colocar en la bandeja para hornear forrada con pergamino. Deje que el chocolate se asiente durante al menos 1 hora.

6. Almacenamiento: Consérvese en un recipiente hermético hasta por 1 semana.

CPSIA information can be obtained
at www.ICGtesting.com
Printed in the USA
BVHW091933060521
606647BV00004B/415

9 781802 880410